Günter Pump

Urlaub vom Strand

St. Peter-Ording und Eiderstedt
mit dem Fahrrad erkunden

HUSUM

Inhalt

Tour 1 (ca. 50 km)

Von St. Peter-Ording durch das westliche Eiderstedt

1 Wir beginnen unsere Fahrt im Zentrum des Bades an der **Dünen-Therme**, hier steht vor der Tourismus-Zentrale das Relief „Der König der Wellen“. Die große Wandscheibe von Prof. Friedrich Karl Gotsch (Karl Friedrich Müller) ist 4,16 m breit und 4,56 m hoch und besteht aus Edelstahl. Die große Platte wurde im Jahr 1969 beim Bau des Meerwasser-Wellenbades an einer Mauer angebracht. Der Künstler sagte bei der Einweihung in seiner Festrede:

Das Relief „Der König der Wellen“ vor der Tourismus-Zentrale

„Dieser König der Wellen ist ein überaus mutwilliges, auffahrendes, überschäumendes, überbordenes Wesen, vielleicht sogar auffliegend mit den Seevögeln, die im Sturm ihn necken und mit ihm spielen; daher die vogelartige Gestalt.“

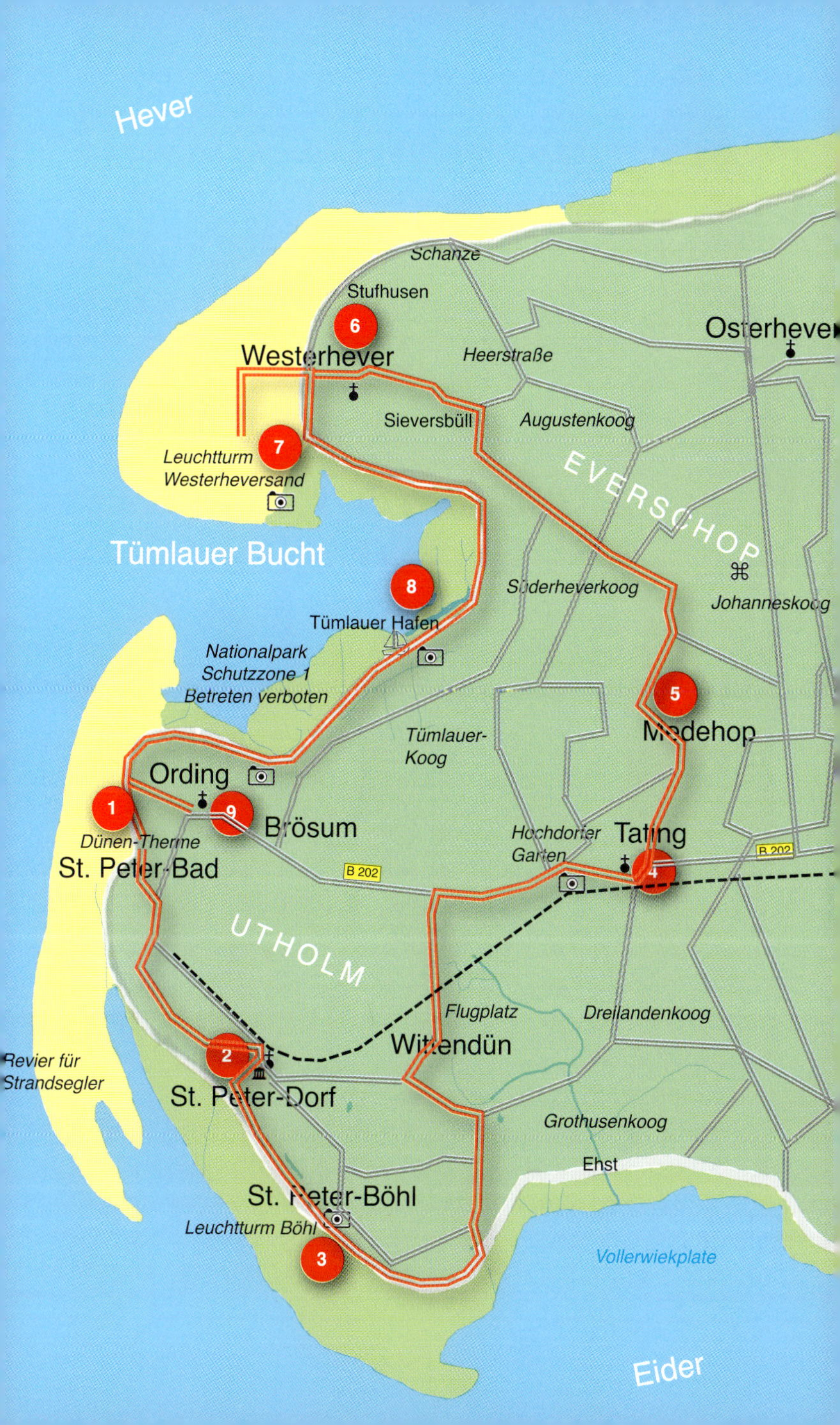

Hever
Schanze
Stufhusen
6
Westerhever
Heerstraße
Osterhever
Sieversbüll
Augustenkoog
7
Leuchtturm Westerheversand
EVERSCHOP
Tümlauer Bucht
8
Süderheverkoog
Johanneskoog
Tümlauer Hafen
Nationalpark Schutzzone 1 Betreten verboten
5
Medehop
Tümlauer-Koog
Ording
1
9
Brösum
Dünen-Therme
St. Peter-Bad
B 202
Hochdorfer Garten
Tating
4
B 202
UTHOLM
Flugplatz
Dreilandenkoog
Revier für Strandsegler
2
Witzendün
St. Peter-Dorf
Grothusenkoog
Ehst
St. Peter-Böhl
Leuchtturm Böhl
3
Vollerwiekplate
Eider

St. Ulrich

Wir fahren nun in Richtung St. Peter-Dorf. Auf halber Strecke liegt an der Ecke Badallee/Deichgrafenweg die im Jahr 1958 neu gebaute katholische **St.-Ulrichs-Kirche**. Schon etwa zehn Jahre nach der Eröffnung wurde 1968 der Innenraum neu gestaltet und 1978 wurde die Kirche durch ein neues Gemeindezentrum erweitert.

Jan und Gret am Marktplatz

Auf der Badallee geht es weiter in Richtung **Markt-**
2 **platz**. Jeden Mittwoch findet hier der Wochenmarkt statt. Am Rande des Platzes sehen wir die Skulptur

St. Petrus mit der Loge, einem ehemaligen Beichtstuhl (1758) und dem geschnitzten Kreuzigungsaltar

„Jan und Gret", sie waren Leute, die sich ihr Auskommen aus der Nordsee holten. Die Darstellung zeigt, wie Jan mit der „Bütt" die Plattfische und Gret mit der „Gliep" die Nordseekrabben fing.
Weiter geht es durch die Stöpe, eine verschließbare Deichöffnung aus dem Jahr 1905. Sie wurde bei Sturmfluten mit Dammbalken und Sandsäcken geschlossen.
Hinter dem Westmarker Deich steht die ev. Kirche **St. Petrus**. Sie hat eine bemerkenswerte Ausstattung. Der einschiffige Backsteinbau des frühen 13. Jh. wurde bis auf geringe Reste erneuert und verändert. Der älteste Bauteil ist wohl der fast quadratische Zwischenchor, der als ursprünglicher Chor romanischer Zeit angesprochen werden

Die Taufe von 1729.

darf. Schon im 13. Jh. wurde er eingeweiht. 1860–63 wurde das Gotteshaus nach Westen verlängert. Der Außenbau wurde in den Jahren 1937/51 ummantelt, dabei wurden die Chorfenster nach romanischem Vorbild an der Nordseite vereinheitlicht. Das Innere der Kirche birgt bemerkenswerte Ausstattungsstücke, so den geschnitzten Kreuzigungsaltar, um 1480/1500. In den Flügeln befinden sich vier Reliefszenen der Menschwerdung Christi. Die schwarze Granittaufe stammt aus dem Jahr 1729 und die Kanzel ist um 1565/70 in die Kirche gekommen.

Dies ist die erste der 18 denkmalgeschützten evangelischen Kirchen auf der Halbinsel Eiderstedt auf unserer Reise. Der Grund für die Vielzahl der Kirchen ist: Früher trennten zahlreiche breite Priele die Siedlungen voneinander und die Kleiwege waren im Winterhalbjahr so gut wie unpassierbar. Deshalb wurden mehrere Gotteshäuser gebaut. So konnte jeder stets die Kirche oder den Friedhof erreichen.

Gleich neben der Kirche ist das **Museum Landschaft Eiderstedt**. Es ist ein

Museum Landschaft Eiderstedt.
Links die „Staatshofer Frau“, eine fast lebensgroße Sandsteinfigur aus dem 16. Jh. in Eiderstedter Tracht, sie steht im Museum.

friesisches Bauernhaus (ehemaliges Haus Jensen, nach seinem letzten Besitzer benannt) aus dem Jahr 1752. Die nördliche Hälfte des Backsteinbreitbaues bildet den ehemaligen Wohnteil, die südliche den ehemaligen Wirtschaftsteil mit „Loo“ (Tenne) und „Boos“ (Stall). Beachtenswert sind die kunstvoll gemauerten Segmentbögen der Fenster und die Korbbögen der Türen. Man betritt das Museum durch die ehemalige Stalltür. Das Haus birgt neben altem Haus- und Arbeitsgerät aus der Landschaft Eiderstedt Fundstücke von Ausgrabungen auf der Warft Tofting (Seite 60) und vom Elisenhof.

Neben dem Museum steht ein Nachbau eines historischen Badekarrens. Bevor es den Strandkorb gab, dienten Badekarren als Umkleidekabine und Transportmittel für die Badegäste am Strand.

Blick auf den nicht selten am Strand von St. Peter-Ording zu findenden Bernstein

Wir fahren weiter zur Dorfstraße. So sehen wir das **Nordseebernsteinmuseum**. Die Sammlung von Horst Jöns wird seit 2001 den Besuchern gezeigt. Besonders interessant, sagt der heutige Chef Boy Jöns, ist das Inklusenkabinett mit etwa 45 bis 50 Millionen Jahre alten Insekteneinschlüssen.

Wir halten uns rechts, durch den Kattrepel geht es zur historischen Insel. Hier stehen das Backhus, ein Eiskeller und viele andere Sehenswürdigkeiten aus der Landschaft. Dann weiter in Richtung Südstrand. Am Deich halten wir uns links und fahren auf der Berme bis zum **Böhler Leuchtturm**.
3 Der Turm wirkt gedrungener und stabiler als viele andere Leuchttürme an der Westküste. 1745/57 standen am Deich bereits zwei hölzerne Baken, die dann ausgebaut wurden. 1892 wurde der Turm als Tages-Sichtzeichen gebaut und 1914 bekam er sein Leuchtfeuer. Die Feuerhöhe beträgt 23,40 m über dem mittleren Hochwasserstand. Sein weißes

Licht reicht 16,5 Seemeilen, sein rotes 13,3 Seemeilen weit. In Verbindung mit anderen Seezeichen ermöglicht er die sichere Schifffahrt im Fahrwasser der sehr breiten Eidermündung mit ihren vielen gefährlichen Sandbänken und im Fahrwasser der Mittelhever. Vor dem Deich breitet sich vor uns das Vorland aus. Wir sehen links die Badestelle Böhl und rechts die von St. Peter-Süd. Gehen wir von der Krone des Deiches über die Berme in das Vorland, verschluckt üppiges Gras den Laut unserer Schritte. Hier blühen je nach Jahreszeit Strandnelke, Salzschuppenmiere, Salzaster und Beifuß. Im Übergang zum Watt löst sich die geschlossene Grasnarbe in einzelne Bulten auf. Der Queller bildet hier „Miniwälder". Die meistens klare Luft trägt die Schreie der Möwen weit über das Sandwatt. Strandläufer und Regenpfeifer verschwinden flugs

Der gedrungene Böhler Leuchtturm

Austernfischer flattern unruhig hin und her

im Gras. Austernfischer flattern unruhig und laut schimpfend umher. Auf den Fennen grasen gemächlich Rinder. In der Ferne sieht man oft Kutter vom Krabbenfang zurückkehren.

Unsere Reise geht weiter, wobei wir uns immer rechts halten. Wer möchte, kann hier auch zur Badestelle Böhl abbiegen.

Hinter der Überfahrt zum Böhler Strand liegt ein **Golfplatz**, eine Anlage, die man hier wohl am allerwenigsten vermutet. Das vorhandene Gelände wurde für den Bau des Platzes kaum verändert. Man hat den Platz im Schutze des Deiches der charakteristischen Landschaft angepasst.

Am Deich geht es weiter, hinter dem Golfplatz über den Deich zum Marneweg und dann zum Eiderweg. An der Abzweigung in Richtung St. Peter-Ording, in Wittendün (im 11./12. Jh. war hier ein Hafen), folgen wir dem Wegweiser „Zum Flugplatz". Nach einigen Kurven sind wir am **Flug-**

Idyllisch fügt sich der Golfplatz in die Landschaft ein.

Die Tatinger Kirche war der erste Kirchenbau in der Harde Utholm, die mit einem Ringdeich geschützt war.

platz St. Peter-Ording. Hier können startende und landende Flugzeuge und Hubschrauber beobachtet werden.

Unsere Reise geht weiter, wir erreichen die B 202. Am Golfplatz biegen wir rechts ab. Schon von Weitem sehen wir den schlanken Turm der Tatinger Kirche.

Tating ist eine der ältesten Siedlungen Eiderstedts. Die Tatinger Dünen gaben die Voraussetzung für eine Besiedlung zu der Zeit, als man noch keine Deiche hatte und die Flutwasser der Nordsee in der Eidermündung jeden Tag die Warften umspülten. Der Ort bildete seinerzeit den Mittelpunkt der kleinen Landschaft Utholm. In Tating wurde auch Gericht gehalten. Das Siegel der Kirche, mit dem Bild des turmlosen Gotteshauses, diente als Amtssiegel. 4

Die um 1900 errichtete künstliche Ruine im Hochdorfer Garten, ist wohl einem Gemälde Caspar David Friedrichs von der Burgruine des Oybin nachgebildet worden.

Zuerst besuchen wir das Gründenkmal **Hochdorfer Garten**. Im 18. Jh. wurde die barocke Anlage in holländischer Manier erstellt. Ende des 19. Jh. wurde die Anlage erweitert und umgestaltet zu einem landwirtschaftlichen Dorfpark. Er ist ein einzigartiges Dokument für die bäuerliche Gartenkunst in Nordfriesland. Vor 1873 wurden ein Haus im „Schweizer Stil" und ein Arboretum, später eine künstliche Ruine gebaut, dadurch verdoppelte sich die Gartenfläche auf rund 5 ha. In Ost-West-Richtung führt ein Weg gerade durch den Park. Dieser Weg führt uns über eine kleine, weiß gestrichene Brücke. Die Gräben des Parks sind mit einer dichten Ansammlung von Teichrosen bedeckt. Durch Spazierwege ist der Park ausgezeichnet erschlossen. Unter schattigem Grün können wir einen längeren, erholsamen Spaziergang machen. Der Baumbestand ist recht artenreich. Außer den üblichen Eschen und Linden gibt es hier Eichen, Buchen, Ahorn und Birken, dazu verschiedene Nadelhölzer, Gingko, Walnuss- und Tulpenbäume.

Im Westen des Gartens liegt der **Haubarg Hochdorf**. Der vermögende Ratmann Matthias E. Lorenzen ließ hier 1764 einen Haubarg am Rand des Gartens errichten. Er ist seinerzeit der größte in Tating gewesen, war damals 45 m lang und 22,5 m breit. Das Reetdach wurde von acht Ständern getragen, es hatte bis 1821 drei Vierkante hintereinander und ist später verkürzt worden. Den größten Teil des Vörhus nimmt der hundert Quadratmeter große Flur ein, dessen Decke von 20 m langen Kiefernbalken in einer Stärke von 35 x 35 cm getragen wird. Im Portal befindet sich eine Rokokotür mit Treppenaufgang, das Ganze ist von Pilastern umrahmt. Hier wurde 1842, 1844 und 1854 der in der Landschaft weilende dänische König empfangen.

Der Haubarg im Hochdorfer Garten

Erinnerungstafel an die Brandkatastrophe 1696

Wir gehen zurück in den Ortskern und sehen in der alten Dorfstraße oft eingeschossige Wohnhäuser mit schönen Backengiebeln. Eine Sandsteintafel wohl aus dem 17. Jh. finden wir unten links am weißen Haus an der Dorfstraße vor dem Aufgang zur Kirche. Sie erinnert mit folgenden Zeilen an eine Brandkatastrophe: *„Anno 1696. Gottes Zorn warf mich nieder / Gottes Gnade baut mich wieder. / Fahr mit Gott und Segen fort / Liebster Jesu hier und dort“.*

1103 wurde wohl zuerst in **Wittendün**, bei Tating, das äl-

In dem idyllischen Dorf sind noch viele alte Häuser zu bewundern.

Blick auf den Altar, Gestühlsloge (1843) und die Mamortaufe

teste Gotteshaus der Landschaft Eiderstedt als hölzerne Kapelle erbaut. Die heutige lang gestreckte Backsteinkirche besteht aus spätromanischem Schiff und Chor. Der älteste Bauteil, wohl aus der 1. Hälfte des 12. Jhs., ist der quadratische Zwischenchor. An der Nordwand sind die Rundbogenfenster erhalten. Der Barockturm wurde in den Jahren 1661 bis 1694 gebaut. Durch den Seiteneingang betreten wir die alte Kirche. Sie weist eine reiche Ausstattung auf, so den dreiteiligen Schnitzaltar vor einer gemalten Golgathalandschaft auf einer mit Ölgemälden von 1631 versehenen Predella. Ebenfalls aus dieser Zeit stammt die Taufe aus Namurer Marmor (15. Jh.). Beachtenswert sind die Kanzel (1601), die Gestühlsloge (1730) im

Die Gruft der alten Familie Rieve ist sehenswert.

Chorraum und die Orgel von 1591, das besondere Schmuckstück wurde 1665 und 1898/99 verändert.
Nach dem Verlassen des Gotteshauses gehen wir links um die Kirche herum, hier sehen wir noch alte Gräber, Grabmale (vor 1870) und die Gruft Rieve, an der Stirnseite mit Rundbogentor und sandsteinerner Inschriftentafel mit Girlande über lorbeerbekränztem Feld versehen. Beim Turm (1661/62 erbaut) verlassen wir uns rechts haltend den Friedhof und folgen dem schmalen Rendsburger Weg. Wir betrachten noch den Haubarg auf der ehemaligen Warft Klingenberg aus dem Jahr 1801.
Nun fahren wir nach links in Richtung **Garding** weiter, gleich hinter der Abzweigung Tümlauer Koog biegen wir für einen kurzen Blick an der Friedenseiche in einen schmalen Weg ein. Hier sehen wir rechts den Haubarg Hamkens (1795), der häufig als Filmkulisse diente.

Wir kehren zur Bundesstraße zurück und fahren links abbiegend weiter. Hinter der nächsten Kreuzung in einer Linkskurve biegen wir ab in Richtung **Medehop**. Die Straße nach Westerhever gleicht einem Flachlandslalom, der sich zwischen Hügelchen durchwindet. Schuld am Bau der Wohnhügel hatte das Wasser, das die Bauern nur ungern in ihren Stuben und Ställen hatten und dem sie 5
mit zusätzlichen Hügeln (Warften) auswichen, weil auf die Deiche seinerzeit noch kein Verlass war oder diese noch gar nicht vorhanden waren.

Nach einigen Kilometern sehen wir den Haubarg Lühr. Er wurde vermutlich im 18. Jh. erbaut, danach oft umgebaut. Vom Original sind die zwei Spitzgiebel im Süden erhalten. Weiter geht es in Richtung Westerhever. Hier fahren wir bis zur Stöpe in Neukrug und biegen vor der Stöpe (Westerdeich) rechts ab. Jetzt fahren wir auf einer schmalen

Die Fennen werden meistens durch Gräben getrennt, die Eingänge sind oft von Eiderstedter Hecks geschlossen.

In Sieversbüll liegen alle Häuser auf einer früheren Warft.

Straße am Deich entlang. Die Straße führt uns bald auf die Krone des Binnendeiches, wo wir scharf rechts abbiegen. Wir kommen an der Nickelswarft, hier gibt es noch eine Wehle, vorbei. Von dieser einstigen Hallig Nickelswarft wurde 1262 der erste Deich nach Westerhever gebaut. Wegen großer Schäden in der Sturmflutserie 1717/21 musste der Koog aufgegeben werden, erst 1861 wurde ein neuer Deich gebaut.

An der Gabelung fahren wir nach links in Richtung Westerhever. Im Augustenkoog steht der Haubarg Alte Strandvogtei, dann kommen wir durch Sieversbüll, wo sich mehrere kleine Häuser und ein Haubarg aus der Zeit um 1730 zusammengerückt auf einem gemeinsamen Wohnhügel scharen wie auf einer Hallig.

Hier lesen wir die Straßenbezeichnung Heerstraße. Die Gründe für die Entstehung dieses Namens sind folgende:

König Christian IV. von Dänemark hatte 1626 gegen Wallenstein eine Schlacht verloren und zog sich mit seinen Truppen nach Norden zurück. Das Heer Wallensteins rückte nach und besetzte Eiderstedt. Weil die Dänen auf Nordstrand lagerten, bauten die Eiderstedter hier in Westerhever am Norderdeich eine Schanze. Zu gefechtsmäßigen Auseinandersetzungen ist es jedoch niemals gekommen. Die Schanze wurde im Laufe der Zeit wieder eingeebnet und heute ist nur noch der Name „Heerstraße“ übrig geblieben.

Aus der großen Zahl hoher Warften in der Gegend kann man schließen, dass dieses Siedlungsgebiet lange Zeit hindurch großen Gefahren durch die Nordsee ausgesetzt gewesen sein muss.

Auf der linken Seite, etwas entfernt von der Straße, steht der Haubarg Tofthof auf einer Warft. Er wird noch landwirtschaftlich betrieben.

Westerhever ist eingerahmt von Windschutzbäumen.

Der mächtige Turm der Westerhever Kirche ist einer der ältesten in Eiderstedt.

Auf der rechten Seite liegt die von Bäumen umgebene alte Warft **Wogemannsburg**. Nach der Sturmflut von 1362 bauten hier die Wogemannen (wohl ein Sippenname), dies waren Seeräuber von der Insel Nordstrand, eine Burg und tyrannisierten die Landschaft Eiderstedt. Sicher haben die Bewohner Westerhevers wohl am meisten darunter gelitten. Erst im Jahr 1370 konnte die Burg von den Männern unter Führung ihres Stallers Ove Hering aus Utholm und Everschop eingenommen werden. Die Wogemannsburg wurde vollständig geschleift und kein Räuber blieb am Leben.

Aus mehreren geschichtlichen Quellen geht hervor, dass
6 **Westerhever** in den vergangenen Jahrhunderten oft unter Sturmfluten zu leiden hatte. Neben vielen Häusern wurde bei der Sturmflut 1362 auch die „Capelle St. Veith“ zerstört. Die Warften mit einzelnen Gebäuden sind noch lebende Zeugen aus der deichlosen Zeit.

Aus romanischer Zeit stammt die Taufe in Westerhever.

Im Jahr 1370 begann man mit der Errichtung der heutigen, markanten Kirche St. Stephanus. Der Backsteinbau steht auf einer von einem breiten Graben umgebenen hohen Warft. Der wuchtige, im gotischen Stil erbaute Turm (1370) mit den mächtigen, schrägen Stützpfeilern diente lange Zeit auch als Sichtmarke für die Seefahrt. In der Turmhalle finden wir Gewölbereste. Die Kirche, das Kirchenschiff wurde 1804 ersetzt, besitzt die älteste aus romanischer Zeit (12. Jh.) stammende Sandsteintaufe Eiderstedts.

An der nächsten Kreuzung, an der auf der Knutzenswarft ein Haubarg steht (wohl um 1680 gebaut), fahren wir

Der Haubarg auf der Knutzenswarft wurde wohl um 1680 gebaut.

Blick auf den 40 m hohen Leuchtturm Westerheversand. Das Wahrzeichen Eiderstedts steht im Nationalpark Wattenmeer.

geradeaus auf den Deich zu. Am Sturmflutpfahl und Schäferei vorbei zur Riesenschafweide mit Lämmerspielplatz am Deich geht es durch die Salzwiesen zum 1 km vor dem Außendeich stehenden **Leuchtturm**.

7 Der Turm wurde in den Jahren 1906/07 gebaut. Im Watt wurde eine 4 m hohe Warft errichtet. In ihrem Kern trieb man damals 127 Baumstämme tief in die Erde. Darüber wurde ein Betonsockel von 11 m Durchmesser tief in den Untergrund gelegt. Der Turm wurde aus 608 Gusseisensegmenten aufgerichtet. Er erreicht eine Höhe von 40 m. Das Feuer liegt 41,5 m über MThw, es ist eine moderne 200-Watt-Xenon-Kurzbogenlampe mit einer Lichtstärke von 183 000 Candela. Die Kennung ist durch vorgesetzte rote und grüne Scheiben in verschiedenfarbige Sektoren aufgespalten. Sie zeigen den Schiffen die Einfahrt durch

die Hever nach Husum und die Einfahrt in die Eider. Rotes Licht warnt die Schiffsführer vor den Gefahren der Sandbänke. Alle Leuchtfeuer an der Küste ergänzen sich, sie sind Lotsen der Nacht. Bis Ende 1979 waren hier noch Leuchtturmwärter tätig. Nun haben sie den Arbeitsplatz mit dem Computer tauschen müssen. Im Zuständigkeitsbereich des Tönninger Wasserstraßen- und Schifffahrtsamtes hat eine Fernsteueranlage die Kontrolle übernommen. Sie schaltet die Leuchtfeuer an der schleswig-holsteinischen Westküste ein, kontrolliert, ob die Lampen ihr Licht aussenden, und gibt automatisch Alarm, wenn nicht alles in Ordnung ist. Der rot-weiß geringelte Leuchtturm gilt nicht nur als Wahrzeichen von Eiderstedt, sondern gehört zu den markantesten Punkten an der Westküste Schleswig-Holsteins.

Der historische Stockenstieg zum Leuchtturm ist nur für Fußgänger gedacht.

Im Sommer bildet die Warft mit dem Leuchtturm ein Bild des Friedens. Nur die vielen Vögel kommen zu Wort, im Wechsel der Jahreszeiten, einzeln, in Gruppen oder ganzen Wolken, die aufsteigen und niedergehen.

Im Frühjahr und Herbst oder Winter kann man erkennen, dass bei Sturmflut die Warft mit dem Leuchtturm und die zwei Häuser häufig gänzlich von der Umwelt abge-

schnitten sind, wenn eine weite Wasserfläche das Vorland bedeckt.
Auf dem Rückweg vom Leuchtturm fahren wir nicht über den Deich, sondern auf der Seeseite des Deiches, uns rechts haltend, in Richtung St. Peter-Ording. Auf der Berme muss mit Schafen, die den Weg kreuzen, gerechnet werden.
Mit Blick auf das Vorland geht es am Schöpfwerk Adamsiel und dann am Süderheverkoogsiel vorbei bis zum Büttlersielzug, einem von mehreren Sielzügen im Tümlauer Koog. Hier muss der Deich überquert werden.
8 Wir machen einen kleinen Abstecher zum **Tümlauer Hafen**, einem Sportboothafen. Nach der Eindeichung des Kooges wurden das Fahrwasser und das kleine Hafenbecken durch ein Siel und Baggerarbeiten freigehalten. Der Hafen im Landschaftsschutzgebiet wurde 1981/82 ausgebaut.
Am äußersten Ende der Halbinsel in der Tümlauer Bucht befindet sich am Ordinger Sielzug ein Schutzgebiet. Aus Hütten heraus können die typischen Vogelarten auf der Landseite beobachtet werden.
9 Hinter Reetdachhäusern erkennt man die Ordinger **St.-Nikolai-Kirche**. Sie wurde im Jahr 1724 als dritte gebaut, nachdem die zweite Kirche des Ortes von Wanderdünen und vom Flugsand verweht wurde. Es ist damals auch die Hälfte des Kirchspiels Ording durch Versandung verloren gegangen. Die ältere Kirche (um 1445) wurde von einer Sturmflut im Jahr 1533 zerstört. Die Gotteshäuser lagen etwa 2 bzw. 1 km westlich der heutigen Kirche. Der Neubau wurde 1874 im Westen verkürzt und neu verblendet, die Westfront 1961 modernisiert. Der Backsteinsaalbau ist die kleinste Kirche Eiderstedts, aber man staunt, welche Schätze sie bewahrt. Die Ausstattung entstammt den früheren Kirchen und ent-

hält Beispiele guter Volkskunst des 17. Jhs.
1758 wurde die bäuerliche Ausmalung der Tonnendecke vorgenommen. Der Altar (um 1460/80) enthält eine schöne nachgotische figurenreiche Kreuzigungsdarstellung. Die Sandsteintaufe entstand 1510 und die Kanzel wurde um 1640 erstellt.
Am asphaltierten Deich fahren wir links weiter und biegen scharf ab durch die Stöpe Köhlbrand zum Yachthafen. Hier ist der erste **Strandsegelclub**, er wurde 1961 gegründet, in Deutschland beheimatet. Die Segeljachten werden über das Vorderrad gelenkt und erreichen je nach Windstärke, Qualität der Jacht und der Geschicklichkeit des Piloten eine Geschwindigkeit von 60 bis 90 km/h.

Auf der heutigen Sandbank stand fruher eine der Ordinger Kirchen.

Wir fahren weiter. Hier baute sich in Jahrhunderten ein Strandwall auf, der durch den aufgewehten Dünensand so hoch wurde, dass er die Sicherungsfunktion eines Deiches übernahm.
In der Ferne ist schon die Dünen-Therme zu erkennen und wir haben unseren Ausgangspunkt erreicht.

Rund um Garding

Auf der Halbinsel Eiderstedt gehört die Stadt **Garding** zu den ältesten Ansiedlungen. Auf dem höchsten Punkt an der
10 Kirche wollen wir unsere Tour beginnen, zuerst mit einem Stadtrundgang. Hier auf der Gardinger Nehrung wurden bei Brunnenarbeiten auf der Gaarde eine Reihe von Fundstücken, Scherben und ein Krug aus dem 2. Jh. nach Christus, gefunden. Die Nehrung, die aus stabilem, vor einigen Tausend Jahren angeschwemmten Festlandsmaterial und zusammengewehtem Dünensand besteht, bot den Menschen eine flutsichere Bleibe.

Die Kirche auf dem hohen Hügel bildet den Mittelpunkt der Stadt.

Schon 1109 wurde bei Garsand auf dem Geestrand eine hölzerne Kapelle gebaut. Sie stand in der Nähe der Süderhever. Der Name Garding wird um 1187 in einer Urkunde zuerst genannt. Die Lage am großen Wasserlauf ermöglichte einen leichteren Zu- und Abgang, war aber auch eine große Gefahr. Von einer Sturmflut, deren Zeugen noch für eine lange Zeit die Wehlen am Geestrand waren, wurde die Kapelle 1114 zer-

23
Osterhever
Sieversfleth
Altneukoog
Warmhörn
Adenbüllerkoog
Poppenbüll
24
. Johanneskoog
Tetenbüll
22
Osterkoog
21
5
Marschkoog
20
Hochbohm
19
B 202
Katharinenheerd
18
Garding
Süderbootfahrt
11
Kating
18
Welt
12
Katingsiel
Vollerwiek
othusenkoog
13
Aussichtsturm
„Kiekut“
Katinger Watt
17
Naturerlebnisraum
14
Große
Vollerwiekplate
15
Beobachtungsturm
Nordsee
16
Purrenstrom
Eider
Eidersperrwerk

Blick in die Gardinger Kirche

stört. Auf der höchsten natürlichen Erhebung in Eiderstedt wurde 1117 mit dem Bau der heutigen **St.-Christians-Kirche** begonnen. Sie wurde zuerst einschiffig errichtet und im Spätmittelalter zweischiffig ausgebaut. Ein zweischiffiges Gotteshaus ist selten in Norddeutschland. Der Bau ist eine erstaunliche Leistung der damaligen Menschen, wenn man bedenkt, wie hart der Kampf war, den sie zu der Zeit mit der Nordsee führen mussten.

Die Häuser gruppierten sich zunächst um die Kirche. 1575 erhielt der Flecken Garding die Erlaubnis, einen Wochenmarkt auf dem historischen Platz um die Kirche abzuhalten (findet jeden Dienstag statt). Am 12. Oktober 1590 wurde Garding von Herzog Johann Adolf von Gottorf das Stadtrecht verliehen.

Von alters her war die Grundlage der wirtschaftlichen Existenz der Handel mit landwirtschaftlichen Erzeugnissen. Die sechs Kirchspiele im Umkreis boten dafür ein solides Umfeld. So ließ der Herzog in den Jahren 1611/13 von

Garding aus einen künstlichen Kanal, die Süderbootfahrt, durch das Land zur Eider bei Katingsiel graben. Nun hatte in den Schlechtwettermonaten, wenn die Landwege unpassierbar waren, die Stadt mit der Süderbootfahrt eine Verbindung zu den Umschlagplätzen an der Eider. Garding besaß nun einen kleinen Hafen am südlichen Stadtrand. Der rege Schiffsverkehr wurde 1910 eingestellt und der Hafen 1912 zugeschüttet. Heute hat die Stadt etwas über 2500 Einwohner. Auch wenn sie zu den kleinsten des Landes Schleswig-Holstein gehört, kann sie sich wohl sehen lassen. Wer einen Rundgang um die hochgelegene Hauptkirche der alten Landschaft Everschop macht, dem werden sicherlich die Sandsteintafeln an den Stützpfeilern auffallen, deren Inschriften schon stark verwittert sind. Wenn man die Kirche durch den vorderen Eingang betritt, fällt der Blick auf den dreiflügeligen Gemäldealtar. Dieser wurde 1596 signiert und wird für das bedeutendste Werk des Malers Marten van Achten, der zwischen 1590 und 1605 in Tönning tätig war,

Eine der stark verwitterten Inschriftentafeln an der Außenwand der Kirche

gehalten. Bemerkenswert ist die Altarplatte, eine Sandsteinplatte, die wohl aus dem 15. Jh. stammt. An der Südseite des Chorbogens sieht man die Kanzel (1563) vom sogenannten „Eiderstedter Typ“. Das wohl älteste Stück der Einrichtung der Kirche ist die gotische Kreuzgruppe im Chorbogen. Die alte Orgel mit dem Prospekt im gotischen Stil, der einer der ältesten erhaltenen Orgelprospekte in Schleswig-Holstein ist, stammt aus dem Jahr 1512 und wurde wahrscheinlich in einer Lübecker Werkstatt gebaut. Beim Verlassen der Kirche werfen wir noch einen Blick auf den gewaltigen 43 m hohen Westturm, dessen obere Partien von 1483 bis 1488 gebaut wurden. Seine Spitze stürzte allerdings 1509 im Sturm wieder ein und wurde erst 1527 erneuert. Später wurde noch oft am Turm gebaut, denn der Sturm, der meistens stark von der Nordsee her bläst, richtete oft manchen Schaden an.

Das Geburtshaus Theodor Mommsens

Der Kirche gegenüber liegt das 1572 gebaute **Diakonat**. Das backsteinerne Giebelhaus mit Flügelanbau (Markt 6) gilt als eines der ältesten Bürgerhäuser

Gardings. Es ist das Geburtshaus des deutschen Nobelpreisträgers für Literatur (1902 für seine „Römische Geschichte") und Historikers Professor **Theodor Mommsen** (1817–1903).

Die bronzene Mommsen-Büste vor der Kirche

Weitere schöne alte Häuser finden wir in der Engen Straße. Hier liegen die ehemalige Landschreiberei (Nr. 4) und ein Backsteinbau (Nr. 22) aus dem 17./18. Jh. In der Österstraße findet man ein zweigeschossiges Traufenhaus (1800). Bevor wir uns auf die Radtour begeben, gehen wir in der Nordwestecke des kopfsteinbuckligen Marktes in einen sehr schönen Park und unter den hohen Bäumen verweilen wir noch ein wenig, denn auf der Weiterfahrt hat man nur noch den weiten Blick über die grünen Fennen.

Wir verlassen Garding im Süden in Richtung Welt/Eidersperrwerk. An der Strecke sehen wir von hohen Bäumen umgebene Haubarge. Das sind die für Eiderstedt typischen pyramidenförmigen Bauernhäuser mit einem gewaltigen Reetdach. Haubarge entstanden seit dem 16. Jh. als Zeugen einer wirtschaftlichen Hochblüte.

In Hülkenbüll sehen wir links hinter hohen Bäumen den 11
Haubarg Kühl (1841) mit seinen zwei Giebeln auf der Rückseite. Im Haubarg ist ein beliebter Landladen untergebracht.
Nach etwa 3 km erreichen wir das Dorf **Welt**. Nach neuen 12
Ausgrabungen wurde festgestellt, dass hier schon vor dem 9. Jh. Menschen gesiedelt haben. Auf dieser Dorfwarft nörd-

In Hülkenbüll steht versteckt hinter den Bäumen der Haubarg.

lich der Eider gab es ausschließlich landwirtschaftliche Siedlungen. Im Mittelalter begann man vermutlich, die Warft mit Klei zu einer Höhe von 4 m über NN zu erhöhen. Heute bildet die Sommerkirche auf der Warft den Mittelpunkt des Ortes. Rund um die Kirche stehen schöne gepflegte Höfe und Reetdachhäuser. Die Kirche, die jetzt ein Informationszentrum für alle Eiderstedter Kirchen beherbergt, ist ein einschiffiger, kleiner Backsteinbau.

Auf der Weiterfahrt kommen wir an eine Kreuzung, hier fahren wir gerade hinüber in Richtung **Vollerwiek**. Dieser
13 Ort gehört zu den jüngsten in der Reihe heranwachsender Nordseebäder. Beim Durchfahren des Dorfes sollten wir es nicht versäumen, die hinter Bäumen versteckte kleine Kirche zu besichtigen.

Im Kirchenschiff aus romanischer Zeit (12. Jh.) steht auf einem ziegelgemauertem Stipes ein gotischer Klappaltar. Aus dem 15. Jh. stammt das Taufbecken. Die figurenreiche Kanzel wurde in den Jahren 1586/87 hergestellt, der Pastorenstuhl wahrscheinlich 1665.

Auf einer kurvenreichen schmalen Straße fahren wir weiter 14
zum Badestrand (ausgeschildert). Eine Treppe führt auf den hohen Seedeich. Bei der Sturmflut 1976 stieg das Wasser der Nordsee so hoch, dass es hier fast über den Deich lief. Weit reicht der Blick von der Deichkrone über den Grothusenkoog, der 1693 von Otto Johann Freiherr von Grothusen eingedeicht wurde. Vor uns geht der Blick über das breite, gut begehbare und bei tiefster Ebbe fast bis an die Eiderfahrrinne reichende Watt. Am Horizont sehen wir auf der Dithmarscher Seite das Hochhaus im Nordseeheilbad

Vom hohen Seedeich blickt man auf die Eidermündung.

Katinger Watt mit dem jungen Wald und Tümpeln

Büsum und ganz links das **Eidersperrwerk**. Bei Flut kann man in Vollerwiek direkt vor dem Deich baden oder den vorbeiziehenden Fischkuttern nachschauen.

Direkt am grünen Seedeich, wo die Schafe die Grasnarbe widerstandsfähig kurz halten, fahren wir weiter zum Eidersperrwerk.

Am Ende der Straße in Spannbüllhörn biegen wir nach rechts ab und fahren am etwa 3 km langen asphaltierten Deich, dessen Krone 9 m über NN oder etwa 7 m über dem mittleren Tidehochwasser liegt, entlang. Auf der linken
15 Seite steht ein Vogelbeobachtungsturm. Vom Turm aus haben wir einen guten Überblick und sehen vor uns das Katinger Watt mit Teichen, Tümpeln und Entwässerungsgräben: die Kinderstube der Vögel des Wattenmeeres.

Hier wird man begeistert sein von der Vielzahl der Vogelarten und dem Leben, auch wenn viel durch Schlick, Sand und Schilf verborgen bleibt. Am großen Priel schnattern bunte Brandenten im wassergetränkten Schlick. Eine Stockente schwimmt mit ihren Jungen im Schilf. Brachvögel schreiten auf hohen Beinen durch das flache Wasser. Ab und zu verschwindet ihr langer, abwärts gebogener Schnabel bohrend im Grund. An der Wasserkante stehen viele schwarzweiße Austernfischer. Rotschenkel waten durch flache Lachen. Eine Unmenge kleiner Strandläufer huscht zwischen größeren Vögel umher. Ein Schwanenpaar zieht über das Wasser und eine der vielen Möwen gleitet vorbei. Alle Vögel hier im Katinger Watt rufen und flöten durcheinander. Die Luft ist von diesem Konzert geradezu erfüllt. Bald taucht das aufwendigste Küstenschutzbauwerk der deutschen Nordseeküste auf. Es ist in seiner Art eines der größten Bauwerke Europas. Der Fahrradweg führt über das Siel und die Autostraße wird durch einen Tunnel über die 16

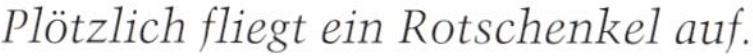

Plötzlich fliegt ein Rotschenkel auf.

Die mächtigen Schotten des Sperrwerks sind geöffnet.

Wehre geleitet. Dieser Tunnel, der gar nicht vorgesehen war, entstand fast von selbst, das heißt aus der Konstruktion des Wehres. Es war eine ausgezeichnete Idee, diesen konstruktiven Hohlkörper gleich für den Verkehr nutzbar zu machen. Ursprünglich sollte er nur die mächtigen Schotten auf der See- und Flussseite halten und stützen. Jeder dieser aus einem Kreissegment geschnittenen Abwehrschilde ist rund 40 m lang. Vier gibt es davon, oder genauer gesagt acht, weil das Werk beidseitig orientiert ist. Das Eidersperrwerk ist in der Flussmündung der Eider den Launen des offenen Meeres ausgesetzt und damit auch dem täglichen Wechsel von Ebbe und Flut. Jeweils 30 bis 40 Millionen Kubikmeter Wasser fließen durch dieses Nadelöhr. Einmal kommen die Wassermengen vom Meer, einmal zurück aus der Eider. Bei heftigen Seestürmen schottet das Sperrwerk die großen

Das Eidersperrwerk als Bollwerk bei stürmischem Wind.

Wassermassen ab und vermeidet so Überschwemmungen im Binnenland. Auch bei Orkanstürmen sollen die Schilde dem Brandungsdruck standhalten. Von innen her muss das Wasser häufig gestoppt werden, damit sich ein Stau bildet. Der Bau von Deichen, die das Bett der Eider immer mehr einengten, hat schließlich u. a. dazu geführt, dass sich in der Eidermündung eine Sandschwelle gebildet hat. Das Wasser aus dem Binnenland konnte nicht mehr ungehindert abfließen, schon gar nicht, wenn andauernder Westwind den Pegelstand über Normal hielt. Nun hofft man, durch Aufstau und nachfolgende reißende Strömung die Mündung freispülen zu können. Nach Berechnungen der Techniker wird das Eidersperrwerk allem Druck von innen und außen gewachsen sein. Jeder der fünf Pfeiler, zwischen denen die Schotten eingehängt sind, steht auf 68 Pfählen, von denen jeder 420 t Druck und 92 t Zug aushalten soll. In jedem Pfeiler stecken 500 Kubikmeter Stahlbeton und in jedem Wehrträger, also einem Tunnelstück zwischen zwei Pfeilern, 1250 Kubikmeter Spannbeton.

Für die Schifffahrt ist neben dem Sperrwerk eine Schleuse gebaut worden, deren Kammer 75 m lang und 14 m breit ist. Die Schleuse ist cinc Trogkonstruktion aus Beton, die auf 180 Stahlpfählen steht. Die Pfähle sind bis zu 28 m unter NN eingerammt worden. Auf der Seeseite hat die Schleuse zur Sicherheit bei Sturmfluten ein doppeltes Tor, das 7,5 m über NN emporragt.

Die Bauten sind seinerzeit auf einer künstlichen Insel errichtet worden. Gleichzeitig ist von der Landseite her der Damm vorangetrieben worden. Danach wurde die künstliche Insel, die von einem Ringdeich geschützt war, wieder abgetragen. Schließlich wurde das Reststück zwischen den Bauwerken und dem Dithmarscher Ufer in Angriff genommen. Es war das schwierigste Stück, weil der Purrenstrom (Hauptstrom der Eider) sich inzwischen auf 10 m vertieft hatte. Im März 1973 wurde der Damm eröffnet und für den Verkehr freigegeben. Die wichtigsten Gründe für den Bau der Eiderabdämmung sind: die Ländereien an der Eider bis zur Abdämmung Nordfeld gegen Sturmfluten zu sichern, 60 Kilometer Flussdeiche in die zweite Deichlinie zu rücken, die Schifffahrt auf der Eider zu sichern.

Nach der Technik am Sperrwerk wollen wir uns jetzt wieder der Natur zuwenden.

Wir fahren weiter in Richtung Tönning (die Straße muss überquert werden). So sehen wir bald die frühere grüne Insel auf der linken Seite, auf dem künstlich geschaffenen Schafsberg steht der Aussichtsturm „Kiekut“.

Auf dem Schafsberg der grünen Insel steht ein Aussichtsturm.

Auf der anderen Straßenseite befindet sich der Naturerleb- 17
nisraum Katinger Watt. Hier entstand nach dem Bau des
Eidersperrwerks eine reizvolle Waldlandschaft. Auf dem tro-
cken gefallenen Areal wurden, nachdem das Gebiet durch
viele Entwässerungsgräben entsalzt worden war, etwa zwölf
verschiedene Baumsorten gepflanzt. Nun bietet ein 3,4 km
langer Rundweg in dem jungen Wald im ehemaligen Watt
dem Besucher ein abwechslungreiches Bild der Natur. Die
angesiedelten Vögel können auf den Rast- und Ruheflächen
gut beobachtet werden.

Dann kommen wir nach **Kating**. Das Dorf Kating gehört seit 18
1973 zur Stadt Tönning. Die **St.-Laurentius-Kirche** auf der
von Wassergraben und Baumreihe umzogenen Warft steht
im Mittelpunkt des Ortes. Sie ist eine der wenigen Feld-
steinkirchen Eiderstedts. Im Turm hängt eine Glocke (um
1300), sie soll die älteste Schleswig-Holsteins sein. Im In-

neren der Kirche steht der Altar mit alter Mensaplatte, darüber ein dreiteiliger spätgotischer Schnitzschrein. Interessant sind die Reste eines Chorgestühls, das Lesepult und der Triumphbalken mit Kreuzgruppe. Die wertvolle Kanzel des Eiderstedter Typs aus dem Jahr 1580 und ein spätromanischer Kelch gehören zu den Kostbarkeiten der Kirche. An der nächsten Kreuzung fahren wir nach links. Auf dem Weg nach Welt erreichen wir nach einigen Kilometern und Kurven eine Eschenallee, hier biegen wir in einer Linkskurve rechts ab (Tönninger Weg) und gleich wieder in die nächste Straße rechts. Über eine schmale Straße, vorbei an alten Deichen, erreichen wir **Katharinenheerd**. Hier auf dem
19 Radweg der B 202 fahren wir rechts durch den Kirchenweg zur **Katharinenkirche**. Hinter hohen Bäumen kaum sichtbar der hölzerne Glockenturm (1685) und, getrennt von ihm, der Backsteinbau der unscheinbaren Kirche, die bei der Erbau-

Die westliche Wand ist aus Feldsteinen errichtet worden.

ung im Jahr 1511 als *„capella sanctae Catharinae"* bezeichnet wird. In der kleinen, wohl auf romanische Ursprünge zurückgehenden Kirche sieht man einen herrlichen drciteiligen Spätrenaissance-Gemäldealtar (1612), er wird Govert van Achten (der Maler arbeitete zwischen 1588 bis etwa 1610 in Tönning) zugeschrieben, mit Säulen und Aufsatz von 1617.

Die nicht mehr genutzte Südtür (1767)

Aus dem 15. Jh. stammt die Taufe aus Namurer-Marmor. An der Außenwand des Chorraumes im Südosten befindet sich eine Relief-Plastik des von vielen Sagen umwobenen Mädchens **Martje Flohrs** (auch Floris).

Man erzählt sich: *Als Tönning 1700 von Dänen belagert wurde, hatten feindliche Soldaten auf einem vor Jahren eingegangenen Hof in Katharinenheerd ein Trinkgelage veranstaltet. Martje Flohrs, die Tochter des Hauses, wurde gezwungen, einen Trinkspruch auszurufen. Da nahm sie ein*

Glas und sprach: „Et gah uns wol up unse olen Dage!“ Seit dieser Zeit gilt dieser Trinkspruch in Eiderstedt und machte Martje Flohrs unvergesslich.

Beim Rundgang entdecken wir auch die Südtür (1762) und einen Gruftbau (1796) mit Satteldach.

Wir fahren auf der B 202 nach rechts und dann in Richtung Tetenbüll. Gleich an der nächsten Kurve liegt der Oluf- oder Drescherhof. Auf den Torflügeln der Haubargscheune stellt eine volkstümliche

Das Steinrelief erinnert an Martje Flohrs.

20 Malerei zwei Männer mit Dreschflegeln und ein springendes Pferd dar.

21 Wir kommen nach **Tetenbüll**. Gleich links in dem kleinen Ort liegt auf einer Warft die **St.-Anna-**

Volkstümliche Malkunst auf den Lootüren des Haubargs

Kirche, sie wurde um 1400 nach der Eindeichung des Kooges gebaut und ist eine alte Bauernkirche, die eine in spätbarocker Zeit bemalte Holzdecke mit 30 Szenen aus dem Leben Jesu besitzt (1742), ferner einen spätgotischen Schnitzaltar (1523) mit barocker Umrahmung (1654). An der Kirche gibt es eine Gruft, kleiner Ziegelbau, für den Ratmann Ove Becker Lorenz aus dem Jahr 1776 und ein reetgedecktes Traufenhaus.

Die St.-Anna-Kirche in Tetenbüll

In der Dörpstraat steht der ehemalige **Kaufmannsladen Peters**. In dem heute als Museum geführten Haus ist die vollständige Ladeneinrichtung vom Anfang des 19. Jh. erhalten.

Unsere Fahrt geht weiter in Richtung Oldenswort. Wir fahren jetzt auf dem Weg nach Osterhever fast immer auf alten Deichen, die die Köge umgeben, entlang. Dabei haben wir einen ungehinderten Ausblick auf eine scheinbar unbe-

Der Staatshof wurde bekannt durch die Novellen von Theodor Storm.

grenzte Ebene, die Linie des Horizonts ist nur unterbrochen von einzelnen Baumgruppen, in denen sich die Häuser und Höfe auf ihren Warften verbergen und sich vor dem Angriff des Sturmes schützen.

In einer dieser Baumgruppen liegt nach einigen Kilometern links der Haubarg Trindammhof von 1825 mit vier Kiefernständern im Vierkant und vier Spitzgiebeln. Gleich rechts
22 von der Straße liegt der **Staatshof**, einer der immer wieder genannten (Theodor Storm beschreibt den Hof häufiger in seinen Novellen) und bewunderten Haubarge, dessen älteste Teile aus dem 17. Jh. stammen. 1623 steht als Datum über der Grotdör.

Wir fahren weiter links in Richtung Oldenswort und kommen über Rethdeich nach **Osterhever**.

Hier befindet sich an der hohen Kirchwarft ein geschütztes Plätzchen für eine kurze Rast im Freien. Die **St.-Martins-**

Über dem Taufbecken in Osterhever schwebt ein Engel von 1822.

Kirche wurde 1103 auf der hohen Warft gebaut. Um 1520 kam der wertvolle Schnitzaltar in das Gotteshaus. Auch das Gestühl mit beschrifteten Türen ist bemerkenswert. Wer Lust hat, kann um die alte Kirche mit dem romanischen Portal aus dem 13. Jh. und zwei Fenstern aus der romanischen Zeit an der Nordseite und den großen Grabplatten an der Chorwand herumstreifen. Diese Steine, die einst auf dem Wasserweg hierher gebracht wurden, um große Grüfte abzudecken, weisen sehr interessante Inschriften auf.

Das romanische Portal in der Nordwand der Kirche in Osterhever

Wir folgen dem Wegweiser nach Garding (nicht in den Klosterweg) und kommen in den St.-Johannis-Koog, wohl den ältesten von den 97 Crögen in Eiderstedt. Hier im Bereich der Kirchspiele Poppenbüll und Tetenbüll liegen die ältesten Köge

Der Haubarg steht direkt an der Kirche in Poppenbüll.

der Landschaft. Vorbei an zahlreichen Binnendeichen geht es weiter, es sind noch Zeugen von Eindeichungsarbeiten vergangener Jahrhunderte. Die Deiche der Köge waren nur etwa 6 m breit und 1,50 m hoch.

24 So kommen wir nach **Poppenbüll**. Hier sehen wir gleich die **St.-Johannis-Kirche** (um 1113), bestehend aus einem vielleicht noch spätromanischen (mit gotischen Elementen) Backsteinschiff mit neuer Westwand. Sie ist wahrscheinlich ein Nachfolgebau einer Kapelle (10. Jh.). Sehenswert in der Kirche ist die bronzene Taufe, Eiderstedts einzige, die Melchior Lucas im Jahr 1590 fertigte, und die Reste des Gestühls, ehemals das Reichste aus der Blütezeit der Landschaft, unter der Westempore. Außerdem der Renaissance-Gemäldealtar (1601), die Kanzel (1579) und die Abendsmahlsbänke (1759).

Neben der Kirche auf dem Spielplatz wird ein Nachbau

eines Vierrutenbargs gezeigt. Ein Vierrutenbarg diente zum Lagern von Heu. Das Dach konnte mittels Seilzügen in der Höhe verstellt werden. Wenn das Heu weniger wurde, konnte das Dach abgesenkt werden und der Wetterschutz war wieder gewährleistet.

Das Pastorat ist im Haubarg, der 1819 von Kotzenbüll hierher versetzt wurde, untergebracht. An der Ost- und Westseite hat er zwei Spitzgiebel. Die östliche Querdiele ist zweiflüglig und beschnitzt.

Weiter geht es in Richtung Garding, dann rechts abbiegen 25
zum Tauteich bis zur Warft **Helmfleth**. Hier befindet sich der fethingartige Wasserspeicher, ein Tauteich. Dies ist eine tiefe Mulde, die auch im Sommer noch Wasser hat. Die Tauteiche wurden mit einer Isolierschicht aus Lehm und Stroh ausgekleidet.

Nun kommen wir von Norden wieder nach Garding und sehen den 113,73 m hohen Sendemast am Rande der Stadt.

Einer der Tauteiche an der mittelalterlichen Großwarft Helmfleth

Tour 3 (etwa 49 km)

Von Tönning durch das östliche Eiderstedt

26 **Tönning** wird als „Tunninghen haeret" im Jahr 1187 in einer Urkunde erwähnt. Die Lage am Hauptstrom der Eider bot beste Voraussetzungen für das Leben in Eiderstedt. Diese alte Hafenstadt wollen wir zuerst entdecken. Wir fahren zum Mittelpunkt der Stadt, dem Marktplatz. Mitten auf dem Markt steht ein sehenswerter Sandsteinbrunnen aus dem Jahr 1613. Neben alten Häusern mit den Treppengiebeln und Barockbauten wird der Markt von der hohen, dem heiligen **Laurentius** geweihten **Kirche** mit ihrem weithin sichtbaren barocken Turm beherrscht. Der 63 m hohe Turm ist in den Jahren von 1703 bis 1706 neu aufgebaut worden, nachdem sein Vorgänger während des Nordischen Krieges (1700–1721) einem Beschuss zum Opfer gefallen war. Bestaunen wir das Innere des Gotteshauses (um 1186), es ist sehenswert. Nur die Nordwand (um 1200) ist vom romanischen Bau mit den rundbogigen Fenster übrig. Wert-

Der Sandsteinbrunnen aus dem Jahr 1613 auf dem Marktplatz

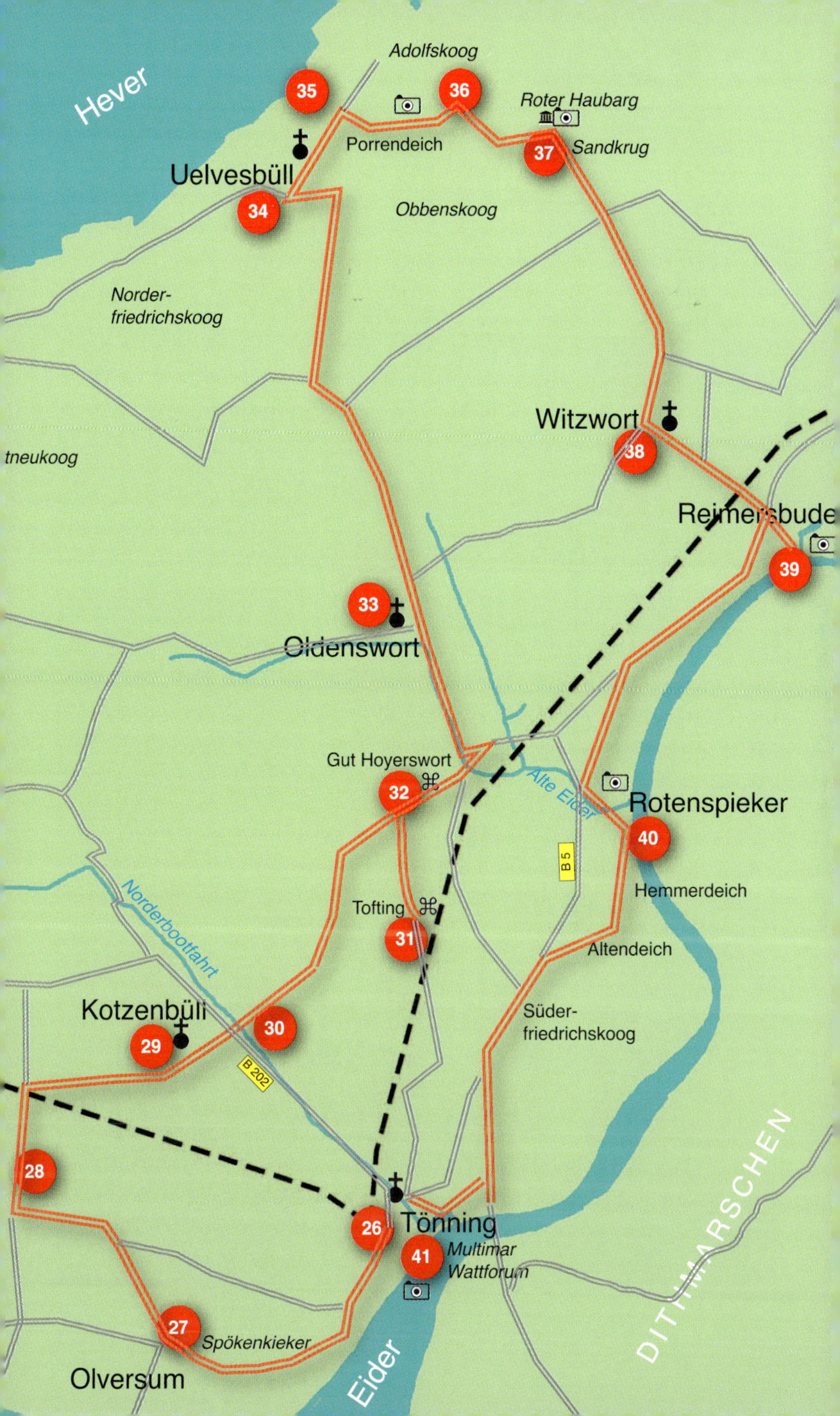
Hever
Adolfskoog
35
36
Roter Haubarg
Porrendeich
37
Sandkrug
Uelvesbüll
34
Obbenskoog
Norder-
friedrichskoog
tneukoog
Witzwort
38
Reimersbude
39
33
Oldenswort
Gut Hoyerswort
32
Alte Eider
Rotenspieker
40
B 5
Hemmerdeich
Norderbootfahrt
Tofting
31
Altendeich
Kotzenbüll
30
29
Süder-
friedrichskoog
B 202
28
26
Tönning
41
Multimar
Wattforum
DITHMARSCHEN
27
Spökenkieker
Olversum
Eider

Die Justitia auf dem ehemaligen Landratsamt am Markt.

volle Kunstschätze birgt die aus verschiedenen Stilepochen stammende Kirche (Südwand 15. Jh., nachgotischer Chor 1633), die im Äußeren wie im Inneren sehr geschlossen und festlich wirkt. Bemerkenswert sind das ausgemalte hölzerne Tonnengewölbe (1704), die Lettnerempore mit Chorgitter und Lettnerorgel, die drei großen Epitaphien, davon eines von dem in Tönning 1623(?) geborenen Rembrandt-Schüler Jürgen Ovens, und der wertvolle Taufstein.

Im Schlossgarten, der an den Markt grenzt, sind noch die Reste der Wassergräben der ehemaligen Residenz und die sehenswerten kunstvoll verzierten Beischlagwangen (Torbegrenzungen) aus dem Jahr 1682 zu sehen. Ferner erinnert ein Denkmal an den berühmten Chirurgen **Friedrich von Esmarch**, der 1823 in Tönning geboren wurde.

Vom romanischen Bau stammt noch die Nordwand (um 1200) der Tönninger Kirche.

Das Packhaus am Hafen wurde 1783 gebaut.

Vom Schlossgarten kommen wir über die weiße, hölzerne Ziehbrücke zum Hafen. In den Jahren 1611 bis 1613 ließ Johann Clausen Koth im Auftrag von Herzog Johann Adolf das Hafenbecken erbauen. Es ersetzte einen alten Sielhafen. Der Hafen wird von einigen malerischen Häusern eingerahmt und übt eine besondere Anziehungskraft aus. Er wurde früher von etwa 2000 Schiffen im Jahr angelaufen. Gleich gegenüber liegt das **Packhaus**, das sich als eindrucksvoller Zeuge aus Tönnings Blütezeit als Seehandelsstadt zeigt. 1783 wurde dieses 77 m lange, dreigeschossige Lagergebäude im Zusammenhang mit dem Bau

Die weiße Ziehbrücke führt über die alte Norderbootfahrt.

In der Neustraße sind schöne alte Häuser zu sehen.

des Eiderkanals errichtet. Der 34 km lange Eiderkanal wurde von 1777 bis 1784 von der Kieler Förde zur Obereider bei Rendsburg gebaut und verband damals die Nordsee mit der Ostsee. Hier im ehemaligen Zoll-Packhaus wurden Waren gelagert, die auf dem Seeweg Tönning erreichten und dann über den Eiderkanal zu ihrem Ziel gelangen sollten. Es tat seine Dienste, bis der heutige Nord-Ostsee-Kanal zwischen Brunsbüttel und Kiel 1895 eröffnet wurde. Der neue Kanal verkürzte den Schiffsweg erheblich, brachte aber für Tönning große wirtschaftliche Schwierigkeiten, weil jetzt die Schiffe eine andere Route nahmen. Vor dem Packhaus steht ein Kran, er wurde 1834 in England gebaut und mit der Hand betrieben. Weiter steht auf einem Betonsockel ein Auslegerkran von 1935 mit einem Fachwerkarm aus Stahl an der Anlegestelle. Freunde des Wassersports finden für ihre Boote hier einen guten Liegeplatz.

Unter den Häusern am Hafen fällt besonders das **Schifferhaus** im Knick des Hafenbeckens, mit dem Dachreiter mit Uhr und Glocke über der Freitreppe und einem Giebel, auf. Es wurde 1624/5 als Sitz der Schiffergilde gebaut. Die ein- und zweigeschossigen Traufenhäuser (Haus-Nr. 22–24) aus dem 18 Jh. sind sehenswert. Am Hafenbecken steht ein Pfahl mit Angaben der Sturmfluthöhen.
Wir verlassen den Hafen durch die Stöpe und fahren durch die Neustadt (Haus-Nr. 39, 31, 22 und 20), Schleusenstraße (Haus-Nr. 4), Neustraße Haus-Nr. 12, 10 und 4) zum Markt zurück.
Im Süden des Marktes fahren wir durch die Westerstraße in Richtung Welt. Nach etwa 800 m erreichen wir die Bade- und Sportanlagen.

Die Eichenstelen an der Badallee

In der Badallee stehen drei Stelen aus Eiche mit bronzenen Symbolen (Schiff, Trinkhorn, Münze). Die Künstlerin Linda Hamkens hat die Stelen gestaltet als Erinnerung an den Handel der Wikinger, die die Eider als Schiffsroute zur Ostsee genutzt haben, und an die einstige Warft Elisenhof. Diese Dorfwarft liegt ganz in der Nähe. Hier war im 8. Jh. n. Chr. schon eine Siedlung. Von hier fahren wir weiter nach **Olversum** und kom-

27

Im Info-Haus wird die Funktion eines Sieltores gezeigt und erklärt.

men durch die Olversumer Straße (geradeaus) und Deichgrafenstraße, vorbei an alten Katen am Eiderdeich, nach Groß-Olversum.

Am reetgedeckten Informationszentrum wird eine Rast eingelegt, hier können wir alles über das Leben und die Arbeit in Eiderstedt erfahren.

Wir fahren weiter geradeaus und kommen zur Abzweigung und biegen links ab in Richtung Welt, danach biegen wir rechts ab in Richtung Hochbohm
28 und sehen den Haubarg **Pernörhof** (Restaurant und Ferienwohnungen). Bei dem Haubarg aus dem Jahr 1779 handelt es

Der Penörhof stammt aus dem Jahr 1779.

Eine Kostbarkeit ist der Schnitzaltar in der Kotzenbüller Kirche.

sich um eine Vierständeranlage. 1838 erhielt die Anlage einen Anbau nach Süden, sodass ein L-förmiger Grundriss entstand. Besonders hübsch sind die beiden Giebel an der Ostseite, die als Besonderheit einen Schmuck durch viele schrägliegende Mauerschichten in Dreiecksform aufweisen, die durch gelbe Ziegel vom übrigen Mauerwerk abgehoben sind.

Rechts der Liethshof. Das Gebäude wurde wahrscheinlich zwischen 1700 und 1740 erbaut. Hinter den Bahngleisen biegen wir in die nächste Straße rechts ab in den Axendorfer Weg nach **Kotzenbüll**.

Bemerkenswert ist hier die Nikolaikirche auf einer hohen, 29
von einem Wassergraben umgebenen Warft. Das Kirchenschiff und der Chor aus dem Jahr 1365 wurden 1488 abgebrochen. Heute steht hier ein spätgotischer Backsteinbau, diesen ließ 1488 bis 1495 der Staller Boye Tetens bauen. Noch grüßen links und rechts des Südportals die Wappenlöwen (15. Jh.) des Stallers und seiner Frau. Der Turm stammt ebenfalls aus dem Jahr 1365. Die gewölbte Deckenpracht im Inneren der Hallenkirche stürzte 1645 ein, daher wurde in der Kirche von 1857 bis 1859 eine Balkendecke eingebaut. Mit dem großen Chorraum bietet die

Kirche dem Betrachter einen großartigen Eindruck. Aus dem Ende des 16. Jh. datiert die wertvolle Kanzel des „Eiderstedter Typs". Der große Messingkronleuchter (1752) und die spätgotische Taufe aus Marmor sind sehenswert. Eine Kostbarkeit ist auch der spätgotische Schnitzaltar (1506).
Das gegenüberliegende Backsteinlanghaus stammt aus dem Jahr 1773 mit Krüppelwalmdach und Spitzgiebel über der Haustür.
Nach dem Besuch der Kirche fahren wir auf der B 202 ein kleines Stück nach rechts und folgen links abbiegend dem Hinweis Oldenswort. Hier überqueren wir die Norderbootfahrt. Der Wasserlauf führt von Tetenbüll nach Tönning.
30 Dieser Kanal, der im 17. Jh. gegraben wurde, diente ursprünglich dem Verkehr von Lastkähnen, heute fungiert er ausschließlich als Sielzug.
Dann sieht man rechts den Haubarg Fleudenberg. Wir fahren

Die heutige unbebaute Warft Tofting lag an einer Rinne der alten Eider. Die Erstbesiedlung war etwa 100 n. Chr.

Viele Bullen werden in dem größten zusammenhängenden Weidemastgebiet gehalten.

über eine Brücke, es ist die zweite schmale Straße rechts.
Nach etwa 1 km in südlicher Richtung kommen wir an eine 31
baumbestandene große Dorfwurt, die Ursiedlung **Tofting**
(„toft"=Hausplatz). Hier gibt es heute nicht mehr viel zu
sehen, außer einigen grasenden Bullen. Das Interessante an
dieser Warft ist: Hier erfolgte bereits 100 n. Chr. die erste
Besiedlung des Marschenlandes an den Uferwällen einer
schmalen Rinne der alten Eider. Diese große Warft erhob
sich etwa 1,40 m über NN. Früher war hier ein Hafen, der
Verbindung zur Nordsee hatte.

Eine zweite Siedlung lag bei Tönning, es ist die große Warft, auf der der Elisenhof steht. Fundstücke von diesen beiden Siedlungen sind im Museum Landschaft Eiderstedt in St. Peter-Ording zu sehen. Von diesen Ursiedlungen aus erfolgten in den nächsten Jahrhunderten weitere Ansiedlungen.

32 Wir fahren an den hinter hohen Bäumen weiß schimmernden Gebäudekomplex heran. Früher besorgte eine Zugbrücke die Abwehr ungebetener Gäste auf Gut **Hoyerswort**. Wie der Name des Gutes, so ist auch die Erbauung, ja überhaupt die ganze Geschichte des Adelsguts untrennbar mit dem wohl bedeutendsten Mann in der Geschichte der Landschaft Eiderstedt, **Caspar Hoyer**, verbunden. Hoyer wurde 1540(?) in Husum geboren. Das Gut und etwa 200 ha Land wurden ihm 1564 von Herzog Johann Adolf von Gottorf geschenkt. Denn seit 1562 stand er in herzoglichen Diensten und hatte sich verdient gemacht. 1578 wurde Caspar Hoyer zum Staller (Statthalter) über Eiderstedt mit Everschop und Utholm ernannt, ein Amt, das er bis zu seinem Tode 1594 inne hatte.

Das Herrenhaus Hoyerswort mit dem Haubarg

Der Skulpturenpark im ehemaligen Lustgarten von Hoyerswort

In den Jahren 1591 bis 1594 wurde das Herrenhaus erbaut, das fast unverändert Zeugnis ablegt von der Tatkraft seines Erbauers. Das Haus war umgeben von einem doppelten Wassergraben, den man heute noch erkennen kann. Gleich auf der Auffahrt stehen zwei barocke Löwen aus Sandstein. Der denkmalgeschützte schlossartige Bau des Herrenhauses von Hoyerswort ist einer der schönsten der Renaissance in Schleswig-Holstein.

Bemerkenswert am zweigeschossigen Herrenhaus sind das Eingangsportal aus Sandstein (1757) und der achteckige Treppenturm mit einer welschen Haube, der noch aus der wehrhaften Anfangszeit stammt. Hier fällt dem Besucher das im Mauerwerk verankerte Halseisen des Prangers auf, der an die Macht des Stallers der Landschaft Eiderstedt erinnert. Über dem Südportal, das in den ehemaligen Festsaal führt, sind die Jahreszahl 1594 und die Namen Caspar

Hoyer, Anna Hoyers und Joachim Danckwerth zu lesen. 1624 verkaufte Anna Ovena Hoyers das Gut an Augusta, Herzogin von Gottorf. Joachim Danckwerth wurde 1647 Hausherr auf Hoyerswort. Er war ein Bruder des bekannten Historikers Caspar Danckwerth. Neben dem Schloss befindet sich ein Haubarg aus dem Jahr 1704, der für den landwirtschaftlichen Betrieb genutzt wurde. Er wurde zunächst auf dem Außengelände des Anwesens erbaut und 1779 nach Hoyerswort versetzt. Heute werden neben einem Museum, Café und Töpferei auch Veranstaltungen angeboten.

Unter den hohen Bäumen ist seit 2015 im ehemaligen Lustgarten ein **Skulpturenpark** entstanden.

33 Von Hoyerswort geht es weiter nach **Oldenswort**. Heute ist die **St.-Pankratius-Kirche** ein Dokument für die zentrale Lage und Funktion des Ortes in dem meist wohlhabenden bäuerlichen Kirchspiel.

Die Renaissance-Ausstattung der St.-Pankratius-Kirche ist sehenswert.

Gedenkstein für die Dichterin der Marschen in Oldenswort

Aus spätromanischer Zeit stammt der Kern des mächtigen Kirchenschiffes mit den kurzen Querarmen. Das jetzige Gotteshaus wurde durch einen Dachreiter (1488) und den Westturm (1495) vollendet. Der Eiderstedter Staller Caspar Hoyer stiftete im Jahr 1592 den Altar. Die Wappen Caspar Hoyers und seiner Ehefrau sind seitlich angebracht. Aus derselben Zeit stammen die Reste des Chorgitters, das reich beschnitzte Chorgestühl (1589), die Kanzel (1570–80) und die Emporenbrüstung. Die Bildnisse Luthers und Melanchthons im südlichen Querschiff sind sehenswert, ebenso die Kreuzigungsgruppe (1491) und die beiden Epitaphien an der Nordwand. Alte, großflächige Gewölbemalereien sind durch Restaurierungsarbeiten freigelegt worden. Die gotischen Ornamente und Bildmedaillons im Altar- und Chorraum zeigen Evangelistensymbole: Mensch, Löwe, Stier und Adler. Auf anderen Darstellungen sind Christus, Petrus und Maria als Himmelskönigin zu sehen.

Die Schriftstellerin **Thusnelda Kühl** (1872–1935) wurde als

Den Kirchturm von Uelvesbüll, die Kirche steht direkt am Deich.

Dichterin der Marschen bekannt. Ihre Romane aus Eiderstedt geben ein Bild des Lebens jener Zeit, wie sie es als Lehrerin in Oldenswort beobachten konnte. Im Ort wurde ein Gedenkstein aufgestellt.

An der Ostwand der Kirche in Uelvesbüll erkennt man zwei Grabmale, die aus grauem Sandstein gearbeitet sind.

Von Oldenswort fahren wir weiter nach **Uelvesbüll**. Von dem Ort sieht man zuerst den markanten Westturm der **St.-Nikolai-Kirche**. Die 1854 errichtete klassizistisch-neugotische Kirche wurde vom dänischen König Friedrich VII. finanziell unterstützt. Der Neubau ersetzte einen weiter westlich an der Hever gelegenen Bau, der noch auf die Zeit um 1300 zurückging. Der erste Bau wurde Opfer einer Sturmflut, der zweite Bau wegen Baufälligkeit abgerissen. Die wertvolle Inneneinrichtung konnte 1854 für die neue Kirche aus der fast zerstörten gotischen Kirche übernommen werden. Das geschnitzte Altarblatt mit der Kreuzigungsgruppe soll aus dem 16. Jh. stammen. Der achteckige Taufstein aus schwarzem Kalkstein kommt aus dem 15. Jh. und aus dem Jahr 1672 datiert die Kanzel (Eiderstedter Spätrenaissance). Aus dem Jahr 1591 stammt das kunsthistorisch bedeutende holzgeschnitzte zweigeschossige Epitaph, das Epitaph Volkmar zeigt Personen in Eiderstedter Tracht. Man sollte den Besuch mit einem Rundgang um die Kirche

Eine Holzstele erinnert am Deich an den Untergang eines Frachtenseglers.

34

In Porrendeich sind noch vier Wehlen vorhanden, Zeugen eines Deichbruchs.

abschließen und dabei die Grabsteine aus grauem Sandstein an der Ostwand beachten.

Wir fahren dann uns links haltend weiter über den Deich.
35 Jetzt sind wir im **Uelvesbüller Koog**. Wenn man dem Hinweisschild „Zum Zuckerschiff“ folgt, kommt man an den Deich. Hier steht eine Holzstele der Eiderstedter Künstlerin Linda Hamkens. Sie markiert den Fundort eines holländischen Frachtenseglers, der hier vor ungefähr 450 Jahren im Sturm gestrandet ist. Das bei Sielarbeiten geborgene Wrack wird im Schiffahrtsmuseum Nordfriesland in Husum ausgestellt.

An der nächsten Kreuzung rechts abbiegend geht es weiter zum **Porrendeich**, auf dem viele kleine Häuser stehen. Eine Ahnung davon, wie es vor nicht langer Zeit vielerorts aussah, vermittelt die Weiterfahrt auf der gewundenen Straße über den Porrendeich. Wie viele dieser sogenannten Schlafdeiche tragen und trugen etwa 300 km Binnendeiche Häuser und Straßen.

Den Wehlen sieht man nicht an, dass sie bis 15 m tief sind. Sie entstanden im 16. Jh. bei den schweren Sturmfluten. Die Wassermassen, die über den Deich strömten, rissen als Strudel tiefe Löcher (Wehlen) in das Erdreich hinter dem Deich. Genauso war es 1962 bei der schweren Sturmflut. Hier im Uelvesbüller Koog brach der Deich und das Wasser strömte in das fast um 4 m tiefer gelegene Gelände. Nach wenigen Stunden war der Koog mit Wasser gefüllt. Fassungslos standen am nächsten Morgen die Bauern vor dem toten Vieh, das zu Hunderten in den Ställen ertrunken war. Die Einwohner des Kooges erlebten in dieser furchtbaren Nacht die Stärke und Macht der entfesselten Naturgewalten.

Die Grabstele „Tanzende Jungfrau“ vom alten Haubarg Leutnantshof

Auf der linken Seite am Ende der Straße in Porrendeich er- 36
innert eine alte Grabstele an Margarete Hans, sie starb 1614

Der Rote Haubarg beherbergt heute eine Gaststätte mit Museum.

im Alter von 18 Jahren. Die Sage um ihre Person wird am Stein erklärt. Der Haubarg Leutnantshof aus dem Jahr 1646 im Adolfskoog, der 1579 eingedeicht wurde, brannte ab.

37 Die Straße führt uns weiter zu einem der würdigsten Repräsentanten des Eiderstedter Bauernhauses, dem sagenumwobenen **Roten Haubarg** im Adolfskoog. Es ist das einzige adlige Gut in Eiderstedt. Der stattliche Bau hat eine Firsthöhe von 17,20 m. Er hat seine Würde nicht von besonderem Schmuck, vielmehr durch seine äußere Gestalt. Einmalig ist die Vielräumigkeit des Vorderhauses, das, zweigeschossig ausgebaut, eine Durchfensterung zeigt, deren Vielzahl den Volksmund beschäftigt.

Mitte des 17. Jh. war die Herzoginwitwe Augusta, eine Schwester des anspruchsvollen dänischen Königs Christian IV., Besitzerin des Hofes. 1759 brannte er ab und wurde in seiner jetzigen Form wieder aufgebaut. 1796 kam der

Haubarg mit dem dazugehörenden Land in den Besitz der Familie Asmussen. Den weißen Roten Haubarg hat der Kreis Nordfriesland für einen symbolischen Preis für 99 Jahre in Erbpacht übernommen. Beim Betreten bekommen wir eine Vorstellung von den Ausmaßen des Haubargs und im Pesel eine von der Prachtentfaltung. Im Vierkant, dem Lagerraum für die Ernte, wurde das Heu gelagert, die Heuberge also. Neben einer Gastronomie in den historischen Räumen umfasst der Rote Haubarg ein Museum, das

Die bronzene Skulptur „Teufel" von B. Lothar Frieling, sie soll an die Sage um den Roten Haubarg erinnern.

Blick unter die gewaltige Dachkonstruktion mit den sechs Ständern

Auf der höchsten Warft des Ortes steht die Kirche in Witzwort.

einen Einblick in die Lebens- und Arbeitswelt der ehemaligen Bewohner gibt.

In diesem bäuerlichen Großwirtschaftshaus ruht das hohe Walmdach auf sechs Vierkantständern, denn die Giebel mit den weit heruntergezogenen Dächern haben immer einen ungeheuren Winddruck auszuhalten. Holländische Zuwanderer, die im 16. und 17. Jh. nach Eiderstedt kamen, entwickelten den Haustyp. Obwohl die Zahl der Haubarge weiter abnimmt, sind sie immer noch beherrschende Blickpunkte in der Landschaft.

Im Süden des Anwesens ist ein Park mit einer auf das Haus zuführenden Gracht.

Wir verlassen die historische Stätte und fahren, rechts abbiegend, an der Gaststätte **Sandkrug** vorbei nach Witzwort. Wir fahren nun auf einem Sandrücken entlang, man merkt es schon an den Namen Sandkrug, Sandhak, Sandfenne, die auf Sand im Boden hindeuten, der in einem Streifen vom Sandkrug über Witzwortdorf bis Reimersbude vorhanden ist. Vor langer Zeit, als das Gebiet um Oldenswort offene Meeresbucht war, hatte sich hier ein Strandwall gebildet, an dem im Laufe der Zeit die Marschbildung gut vorangekommen ist. Die größte Höhe erreicht der Sandrücken dort, wo heute **Witzwort** mit dem dicht besiedelten Ortskern liegt.

Auf der höchsten Warft des Dorfes liegt mitten im Ort die 38
St.-Marien-Kirche. Der Backsteinbau wurde wohl um 1420 errichtet, der baufällige Chorraum aus gotischer Zeit – später, 1898, abgerissen und ein neuer gebaut. Ihr heutiges Gesicht erhielt die Kirche bei der Renovierung 1965. Bemerkenswert ist in der Kirche der spätgotische Schnitz-

Einer der figurenreichsten Altäre Eiderstedts steht in Witzwort.

In Reimersbude werden die Flächen von Witzwort und vom Büttelkoog entwässert.

altar (1510/20) mit Doppelflügeln. Er gilt als einer der figurenreichsten Altäre in Eiderstedt und wird der Brüggemann-Schule zugerechnet. Das gotische Kruzifix auf dem Altarschrein stammt aus dem frühen 14. Jh., und vermutlich aus Belgien ist der Taufstein aus schwarzen Marmor eingeführt worden. Vor der Südtür und an der Westwand stehen interessante Grabsteine. Das hölzerne Glockenhaus mit der sechsseitigen Helmpyramide stammt aus dem Jahr 1631. Eine ältere Kapelle soll in der Nähe von Reimersbude an der Eider auf der Gotteslohnwarft gestanden haben, wo man um 1800 auf einer unbebauten Warft die Reste von Eichensärgen fand.

Weiter geht es an der großen Meierei vorbei und links abbiegend nach **Reimersbude** an der Eider. Einst war Reimersbude neben dem Fährbetrieb nach Dithmarschen auch als

Hafenort für die Gemeinde Witzwort von Bedeutung. Der 39
erste Fährmann hieß Reimer, er war 1599 mit dem Fährdienst betraut worden und nach ihm erhielt dieser Ortsteil seinen Namen. Heute sehen wir zuerst auf der linken Seite das Schöpfwerk. Hier treffen zwei Sielzüge zusammen. So wird der Witzworter über das Schöpfwerk entwässert und dann entwässern beide Sielzüge im Freigefälle in den ehemaligen Hafen. Wenn man vom Deich auf die Eider blickt, kann man sich kaum vorstellen, dass das kleine Rinnsal einst als Hafen diente. Hier legten die Schiffe an, die einen regen Warenaustausch mit den Niederlanden aufrechterhielten. Die Erzeugnisse der Landwirtschaft wurden in den Niederlanden gegen Stoffe und andere Waren eingetauscht. Übrigens sind auch die großen Grabplatten (um 1600) auf dem Wasserweg nach Eiderstedt transportiert worden.

In Reimersbude standen früher Ziegeleien. Aus dem Hafen wurden die Ziegel aus Kleiton mit den Schiffen abtransportiert und Bauholz eingeführt.

In der Ferne sieht man die beiden Eiderbrücken bei Friedrichstadt. Ein Stück weiter Richtung Tönning liegt Rotenspieker, einst Hafenplatz für Oldenswort. Nun zurück zur Bundesstraße, erst in Richtung Tönning und dann abbiegen nach **Rotenspieker**.

Am Speicherbecken der alten Eider entlang geht es zum 40
Deich, von hier sieht man, dass von der alten Schiffsanlegestelle nichts mehr vorhanden ist. Die Anlegestelle mit Schleuse wurde 1616, nachdem der Sielzug fertig gestellt war, gebaut. Hier konnten etwa 15 Schiffe gleichzeitig mit z.B. Getreide oder Raps beladen werden. Oft brachten sie Torf. Noch 1802 stand in Hafennähe ein roter Speicher, der

weithin sichtbar war. Wahrscheinlich benannten die Seeleute diesen Anlegeplatz „Rotenspieker“. Die Hafenrinne ist heute ein Außenpriel für das Schöpfwerk. Dieses spielt für die Entwässerung der Oldensworter Gemarkung noch eine beachtliche Rolle. Erst um 1300 kam dieses Land von Dithmarschen zu Eiderstedt. Die Eiderschleife wurde südlich von Harblek durchgraben, so haben sich der Flusslauf der Eider und die Grenze verschoben.

Weiter geht es durch Hemmerdeich, Altendeich und Süderfriedrichskoog zur Bundestraße, sie muss überquert werden.
41 Vor Tönning machen wir noch einen Abstecher zur Eiderbrücke (Richtung Heide/Hamburg). Von der Brücke, die Eiderstedt mit Dithmarschen verbindet, haben wir einen guten Weitblick über die Eider bis zum Eidersperrwerk und auf das Nationalpark-Zentrum **Multimar Wattforum**. Hier am Ortsrand ist in den letzten Jahren ein großes

In Rotenspieker war früher ein kleiner Hafen.

Das Multimar Wattforum in Tönning

Informationszentrum entstanden für den Nationalpark Schleswig-Holsteinisches Wattenmeer. Auf einer riesigen Fläche wird eine Ausstellung über die Themen Watt, Wale und Weltnaturerbe gezeigt. In faszinierenden Aquarien sind fast 300 Tierarten aus der Nordsee zu sehen, außerdem ein Pottwalskelett und in einer Innen- und Außenanlage gibt es Fischotter.

Im Tonnenhof des Wasserstraßen- und Schifffahrtsamtes sehen wir viele Seezeichen. Sie werden hier gewartet und gelagert.

Von der Eiderkaje legt in den Sommermonaten das Ausflugsschiff „Adler II" zur Fahrt auf der Eider ab.

Glossar

Berme: Waagerechter Absatz an Deichen, um ein Abrutschen zu verhindern.

Dreilande: Früher gebräuchlicher Name für die Halbinsel Eiderstedt, als sie noch keine Einheit war.

Dünen: Aus Meeressand gebildete Hügel an Flachküsten, meist parallel zum Strand angeordnet, entstehen fast nur unter Mitwirkung der Pflanzenwelt, in deren Windschatten der wehende Sand liegen bleibt und durch das Wurzelwerk gefestigt wird. So wächst aus einer flachen Vordüne die Hauptdüne empor, die schließlich durch eine geschlossene Pflanzendecke endgültig festgelegt wird.

Eiderstedter Typ: Im Kirchenkreis zeigen zehn Kanzeln in ihrem Aufbau eine auffällige Ähnlichkeit und unterscheiden sich damit von Kanzeln außerhalb Eiderstedts. Der Kunsthistoriker spricht deshalb vom „Eiderstedter Typ".

Fennen: Mit Gräben und Wasserzügen durchzogenes Land.

Hallig: Kleine Insel ohne Deich.

Klei: Festgewordener Schlick (auch Marscherde).

Koog: Ein eingedeichtes Stück Neuland.

Krug: So bezeichnet man in Norddeutschland eine Dorfwirtschaft.

NN: Im Jahre 1912 wurde bei Hoppegarten östlich von Berlin ein für Deutschland gültiger Normalhöhenpunkt vermessen. Genau 37 m unter diesem Punkt liegt die festgesetzte Normalnull-Ebene.

Priel: Bei Ebbe erkennt man im Watt diese Gräben, die nicht leerlaufen.

Queller: Wächst als erste Pflanze auf dem Meer abgerungenem Boden, durch sie wird der durch die Flut angespülte Schlick zur Ablagerung gezwungen.

Reet: (Ried, Reth) Schilfrohrart. Die Dächer der Höfe wurden früher hauptsächlich mit Reet gedeckt.

Schlafdeich: Sobald das vor dem Deich liegende Vorland eingedeicht werden kann, entfällt die direkte Schutzfunktion das alten Deiches, den man nun Schlafdeich nennt.

Sielzug: Ein kleiner Fluss, der die Entwässerung des Landes hinter dem Deich ermöglicht.

Sommerdeich: Ein vor dem Hauptdeich liegender niedriger Erdwall. Er genügt im Allgemeinen zum Schutz vor dem im Sommer auflaufenden Wasser.

Stöpe: Deichdurchlass für Zufahrtswege zum Außendeich. Bei großer Sturmflutgefahr können diese Deichdurchfahrten geschlossen werden.

Vorland: Dem Deich vorgelagertes Land, das durch auflaufendes Wasser (Flut) überflutet werden kann.

Warft: (Werft, Wurt) Künstlich mit Klei oder Mist aufgetragener Siedlungshügel in der Marsch als Sicherung gegen die Sturmfluten.

Watt: Angeschwemmtes Land vor dem Seedeich.

Wehle: Infolge von Deichbrüchen entstandener Teich.

Literaturhinweise

Bantelmann, Albert: Tofting. Eine vorgeschichtliche Warft an der Eidermündung. Neumünster 1955
Cordes, Friedrich: Eiderdamm. Hamburg 1972
Dehio, Georg: Handbuch der deutschen Kunstdenkmäler. München/Berlin 2009
Eiderstedter Heimatbund: Blick über Eiderstedt. 2. Aufl. Heide 1970
Jasper, Johannes: Chronicon Eiderostadense vulgare. Bearbeitet von Claus Heitmann. St. Peter-Ording 1977
Kuschert, Rolf: Der rote Haubarg. Husum 1990
Kuschert, Rolf: In: Geschichte Nordfrieslands, S. 105–203. Heide 1995
Maresch, Hans und Doris: Schleswig-Holsteins Schlösser, Herrenhäuser & Palais. Husum 2006
Panten, Albert: Die Nordfriesen im Mittelalter. Bredstedt 2004
Petersen, Markus/Rohde, Hans: Sturmflut. Neumünster 1977
Pump, Günter: Touren durch Eiderstedt. 2. Aufl. Heide 1984
Pump, Roland: St. Peter-Ording und die Halbinsel Eiderstedt. 4. Aufl., Husum 2017
Sax, Peter: Werke zur Geschichte Nordfrieslands und Dithmarschens. St. Peter-Ording 1988
Stadelmann, Robert: Den Fluten Grenzen setzen, Bd. 1. Husum 2008
Steensen, Thomas: Nordfriesland, Menschen von A–Z. Husum 2020
Wulf, Hans-Walter: Kirchen in Eiderstedt. St. Peter-Ording. 1988

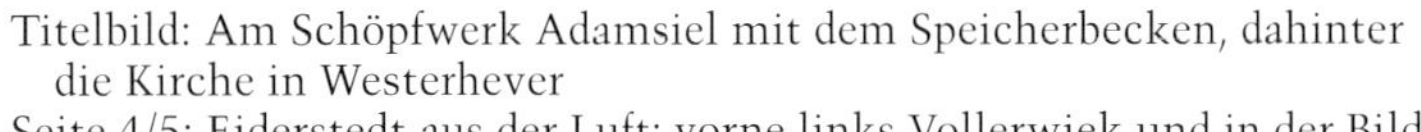

Titelbild: Am Schöpfwerk Adamsiel mit dem Speicherbecken, dahinter die Kirche in Westerhever
Seite 4/5: Eiderstedt aus der Luft: vorne links Vollerwiek und in der Bildmitte die Stadt Garding

Bibliografische Information der Deutschen Nationalbibliothek
Die Deutsche Nationalbibliothek verzeichnet diese Publikation in der Deutschen Nationalbibliografie; detaillierte bibliografische Daten sind im Internet über http://dnb.dnb.de abrufbar.

Gesamtherstellung: Husum Druck- und Verlagsgesellschaft
Postfach 1480, D-25804 Husum – www.verlagsgruppe.de

ISBN 978-3-96717-044-3